AF599724

Cuando no podíamos salir
(de nosotros mismos)

Este libro ha sido impreso con papel procedente de fuentes sostenibles.

https://lasturaediciones.com
info@lastura.es

Colección Apuntador N.º 12
Dirige la colección: Miguel Ángel Mañas

Editado en Madrid, España

Primera edición: marzo, 2024

D.L.: M-3077-2024
ISBN: 978-84-128333-1-7

Impreso en Antequera, Málaga
Printed in Spain

Diego Palacio Enríquez

CUANDO NO PODÍAMOS SALIR
(DE NOSOTROS MISMOS)

PANDEMIAS Y OTRAS TRIBULACIONES

Miguel Ángel Mañas

Escribir sobre este texto puede resultar muy complicado o, por el contrario, muy sencillo, tanto que quizá no es necesario dada la contundencia del mismo. Podríamos enfocarlo sobre el tema de la pandemia; digo pandemia y no una pandemia porque apenas han pasado tres años de la misma y toda la humanidad ha sufrido su proceso: algo hemos tenido en común. Hemos sufrido pero lo más trascendental es que no hemos modificado un ápice nuestro compartimento o nuestra manera de percibir y desarrollar el mundo. Hoy en día clamar ideológicamente ante tamaño suceso ha dejado de ser imperativo y al final y, como exclama el personaje de Nicolás en el texto, *seguimos siendo una panda de hijos de puta.*

Pandémicamente hablando –pues somos hijos de una– este texto es la consecuencia de aquello y el hoy más absoluto deviene reafirmación. ¿Sobre qué? A olvidar la muerte y el caos. A olvidar la estrategia practicada por un monumental espectro, que como figura alegórica, cercenó miles de vidas aunque su nacimiento y desarrollo fuese un oxímoron mayestático: una sopa como caldo de cultivo. La sopa (de supuesto murciélago) que transformó el día a día, que nos arrojó a lo desconocido, que nos hizo comprar ingentes cantidades de papel higiénico, de pechugas de pollo, de harina y de agotar a nuestros perros a base de veinte paseos al día. Y al otro lado, ese que coexiste y que melló cuerpos y mentes, *no tocarse, no acercarse, no abrazarse*; rostros tapados con mascarillas conteniendo las lágrimas a través de cristales o puertas cerradas. El resto del mundo como enemigo, porque en él habita la infección y me puede matar o matar a mis seres queridos. No saber, no entender, no poder comprender ante la imposibilidad de ver a nuestros muertos morir.

Ante toda esta sucesión, y como antes he dicho, podríamos tomar como tema la pandemia, pero quizá, como tal, es lo menos importante del texto. Lo realmente interesante aquí es el cómo la vivimos. Estar a los pies de los caballos desde una mirada absolutamente cotidiana, realista y, sin embargo, atroz.

Diego Palacio deja pasar el tiempo necesario para que el/la Covid, deje de ser en sí misma, para ser instrumento de otros intereses. Es decir, la enfermedad como patente para otras posibilidades, entre ellas las escénicas. El autor toma su propia experiencia como motor de acción, pero quiere saber más. Investiga, toma datos históricos de la enfermedad, compara estadísticas y luego, para llevarnos a esta realidad cotidiana marcada por el confinamiento, se rodea de personas que conoce muy bien y les explica que quiere escribir y dirigir un texto y, literalmente propone: cuéntame tu experiencia tal cual. Así se va a trabajar.

Reflexioné a la hora de escribir estas líneas sobre si debía tratar el teatro documento o el teatro *verbatim* y ya mencionados solo quiero dejar constancia de que el texto está estructurado en ambas premisas y, por supuesto, la fabulación. Las razones son obvias dado que al dramaturgo le interesa confrontar la frialdad de los datos y sus consecuencias, con las vivencias de tres personas –que no personajes– y para ello desarrolla dramatúrgicamente todo lo referido y mucho más… hasta alcanzar el nivel justo de pathos, dejando distancia entre lo que vemos y lo que sentimos aplicando ciertas formas de teatro épico adaptadas al hoy, o por lo menos a la casuística social y por extensión del ser social que no creemos que somos, pero lo somos, y mucho. Eso es el hoy, el mundo de hoy, la humanidad del hoy… Leer el texto es entrar y salir. Datos, emociones y testimonios trascritos tal cual se dijeron, sin alterar (ni adulterar) el discurso. Como podemos comprobar ahí está el teatro documento y el *verbatim.*

No se debería hablar del horror sin antes comprenderlo, máxima que el dramaturgo Heiner Müller expuso en su texto *Cuarteto*, y Diego Palacio, en consecuencia, estudia este horror en forma de virus para exponerlo desde otras perspectivas, desde otras miradas: la suya propia y la de los intérpretes. La universalidad del hecho devino en esta reafirmación antes mencionada, y la distancia transcurrida permitió no solo hablar del miedo; también dar espacio a la ironía, al sarcasmo. A desmenuzar a ese ser social en esa circunstancia y resaltar la verdadera naturaleza del ser humano en las situaciones de conflicto: empatía o cretinismo.

De la empatía poco hay que decir. Es un rasgo reconocible. El cretinismo también lo es, pero posee muchas formas; por eso es más interesante. Las tres personas que aparecen en el texto son empáticas, pero también están sujetas a las leyes del cretinismo y no cesarán en demostrarlo porque son a la vez víctimas y verdugos. Y una vez abiertas las puertas, un torrente de proporciones bíblicas inundará el escenario y por extensión, al público. Y esto es el teatro, fenómeno especular por excelencia, en donde nos vemos reflejados. Y aquí, Diego Palacio, nos pone un espejo que muchas veces queremos romper, pero bien es sabido que un espejo es imposible de romper: indefectiblemente multiplicas los espejos y, por tanto, los reflejos.

Ahí están los negacionistas, los compradores compulsivos (Amazon y demás corporaciones se convirtieron en variables de primera necesidad), los y las gurús del positivismo, los paranoicos y amantes de las teorías más escabrosas, la espada de Dios arrasando… Como bien definió el dramaturgo: *Las distopías del futuro se están construyendo en el presente*, y según sus propias investigaciones sobre lo distópico, parte de la fenomenología –entendida desde sus propios términos– está presente en el texto y la posterior puesta en escena.

Días de silencio, días en blanco y negro, días de no saber qué futuro nos esperaba. Mientras nos armábamos con todo lo necesario, las horas trascurrían con más o menos lentitud. No era solo la enfermedad, sino la dimensionalidad –y vuelvo a lo apocalíptico, la madre de todas las distopías– que los medios de comunicación alimentaban, con las decisiones que se iban tomando vestidas con el confuso traje hecho a medida de la ideología política, con soportar no saber siquiera si ibas a tener a la posibilidad de volver a tu trabajo al no ser considerado de primera necesidad ¡ay, pobres de nosotros que nos empeñamos en esto del teatro!, macerar el cerebro a base de preocupaciones, de impotencia, de rabia. Pensar en seguir viviendo o dejar de hacerlo porque la situación, igual que un hierro candente, ha derretido todo juicio y te planteas aprovechar la hora del aplauso para abrir las ventanas y volar.

Todo ese maremágnum estuvo presente durante los 99 días que duró el confinamiento y en *Cuando no podíamos salir de nosotros mismos*, hay más de 99 momentos (re)presentados en donde nos entregamos a viajar con estos tres *performers* que se modifican a través de sus vivencias, compartiendo sus propias experiencias como personas, donde no apelan al sentimiento, sino al razonamiento y en donde queda patente la mutabilidad del ser humano.

No es casual la elección. Uno de los rasgos de Diego Palacio como creador es precisamente otorgar a sus textos y puestas en escena de esa distancia, y aunque comparte rasgos de epicidad, estructuralmente hablando, sabe muy bien retorcer la emoción en favor de la razón, para luego retorcer –otra vez– y dejarte expuesto ante tu propia percepción en una gran plaza absolutamente vacía y solo ocupada por ti y tu confusión ante los hechos y las decisiones que vas tomando. Ahí, en medio de un desierto llamado Covid, comienzas a moverte sin respirar, porque respirar es morir.

Pero en el texto sí que hay espacio para la respiración. Gracias a ella se hace presente el miedo, pero también la risa –esa que otorga la distancia al margen de lo temporal– la reflexión sobre cómo lo vivimos, pero sobre todo lo que hicimos y no hicimos.

Cuando no podíamos salir de nosotros mismos (y en algunos casos también es mala suerte) que el autor diría, es un atrevimiento respetuoso y necesario. Es un instrumento que permite sofocar nuestras lágrimas, es un soplo de aire fresco… Podría seguir así hasta llegar al agotamiento por onanismo. Y sin modificar nada de lo anterior, sí, es un texto necesario. Es ese soplo de aire fresco que antes tanto deseábamos, pero venía cargado de muerte, y ahora viene lleno de ironía, de sarcasmo, de crítica social, de preguntas, de la necesidad de compartir, y sobre todo, de un amor incondicional por el teatro.

Ahí, después de meses de distancia, nos volvemos a encontrar porque ya podemos tocarnos, acercarnos, abrazarnos.

Ya podemos salir de nosotros mismos, que también, en algunos casos, es mala suerte, sobre todo para los demás.

En este texto aparecen multitud de referentes musicales, teatrales, literarios, sonoros, visuales, televisivos… todos ellos nos han ayudado a configurar el universo para nuestra escenificación, desde el meme hasta el WhatsApp de audio. Quede claro que cada creador haga suyo el texto e incorpore sus referentes, como diría Rodrigo García[1], este texto es un *infortunado residuo* de nuestro montaje teatral.

[1] "Llamamos a este volumen *Cenizas Escogidas* porque mis textos son infortunados residuos de mis montajes teatrales. A fin de cuentas, unas víctimas". Rodrigo García, *Cenizas escogidas,* 2009.

Gracias a todos y todas los que nos habéis regalado vuestros vídeos, vuestros textos, vuestras palabras, vuestros bailes, vuestras imágenes... un trozo de vosotros mismos para poder hacer posible este proyecto.

Gracias José Manuel Teira, Jorge Usón, Ana Cózar, Carmen Aliaga, Jaime Ocaña, Marga del Hoyo, Jorge Morte, Josu Angulo, Javier Vázquez, Nieves Rosales, Mariano Anós, Nicolás Sanz, María Pérez, Miguel Ángel Mañas, Luís Villafañe y Félix Muñiz.

Estuvimos encerrados, tanto, que no podíamos salir de nosotros mismos, ahora, gracias a vosotros, podemos no sentirnos solos.

Diego Palacio Enríquez

A mis padres, con los que pasé el confinamiento,
juntos y a salvo.

El confinamiento obligatorio se produjo en España del 15 de marzo al 21 de junio de año 2020. No se podía salir de casa a menos que fuera para hacer la compra, servicios mínimos, permiso expreso o que tuvieras perro.

Cuarentena nacional de 99 días, pero el estado de alarma se extendió hasta los 196 días.

ESCENA 0: ENTRADA PÚBLICO

En el escenario: mesas, sillas, elementos tecnológicos, un videoproyector… Cada mesa será conceptual, una isla temática, o una isla del personaje, o un cubo/espacio de cada personaje del que solo vemos las aristas y el suelo. Tres espacios distintos.

Muchos libros y fotos viejas por el suelo. En el fondo se proyecta la partida de un videojuego.

En un lateral derecho, el cubo/espacio de MARÍA, *montada la mesa de luces, mesa de sonido, varios controles tecnológicos y una mesa con papeles. Enfrente una mesa con un teclado, una melódica, pequeños instrumentos de percusión y un cojín de meditación.*

El cubo central, el de NICOLÁS, *tiene de una cama al fondo, por el suelo mucha basura, libros, papel higiénico, donuts abiertos, latas de cerveza y un portátil.*

El espacio de la izquierda totalmente ordenado, delineado, limpio, es el espacio de MIGUEL ÁNGEL, *con una mesa, un ordenador y un micrófono.*

El público entra mientras suena la música. Los intérpretes están en el escenario, reciben a los espectadores, saludan, hablan con ellos, se relacionan, todo es amable, tranquilo, se establece una conexión. Mientras el público entra, NICOLÁS, *con teléfono móvil les pide hacerse una foto para proyectarla durante el espectáculo.*

Cuando quedan 10 minutos MIGUEL ÁNGEL *se acerca a su mesa, coloca unos papeles, coloca el micro, inspecciona, bebe agua, y se va de nuevo.*

Cuando quedan 5 minutos suenan los avisos del teatro (avisos realizados por MIGUEL ÁNGEL *al micrófono en escena). Cuando termina se mueve, cruza el escenario, mira todo, observa, bebe agua, se prepara, mira al técnico en la cabina, se miran, se dan el OK, comenzamos.*

ESCENA 1: TOQUE DE QUEDA

MIGUEL ÁNGEL.- *(Hablando con técnico, jefe de sala...).*

Ya, sí, ¿empezamos ya?

Perfecto, *(mira la pantalla en la que se proyecta)* son las 19.00.

Según el toque de queda tienen ustedes 4 horas para llegar a su casa sin que les multen.

(Pausa)

Vivimos condicionados. Hemos vivido condicionados.

Estamos condicionados a una hora. Todo depende de eso…

¿Recuerdan cuando no tenían hora? ¿recuerdan cuando sí tenían hora? Primer día de confinamiento.

Aparece con la música proyectado el reloj.

La función comienza. Se apaga la luz de sala.
Cambia la luz de escena.
NICOLÁS y MIGUEL ÁNGEL, *se saludan, toman asiento.*

Entra música desquiciante[2].

---

[2] Durante el proceso se sugirió: *Sorry you are not a winner,* del grupo Enter Shikari.

ESCENA 2: SLAVOJ ŽIŽEK (1)

Proyectado: Segundo día de confinamiento.

MARÍA *al micrófono. Solo manchada por la proyección. Imágenes de las noticias. Fragmentos de informativos. Con un libro en la mano.*

MARÍA.- «En el último par de años, después de las epidemias de SARS y Ébola, se nos dijo una y otra vez que una nueva epidemia mucho más fuerte es sólo cuestión de tiempo, que la pregunta no es QUÉ PASARÍA sino CUANDO ocurrirá. Aunque estábamos racionalmente convencidos de la verdad de estas predicciones terribles, de alguna manera no las tomamos en serio y nos mostramos reacios a actuar y a participar en preparativos serios –el único lugar donde tratamos con ellas fue en películas apocalípticas como *Contagio*». (Slavoj Žižek, 2020, p. 40)[3].

---

[3] Este texto se ha tomado de:
https://dialektika.org/wp-content/uploads/2020/04/Pandemia-Slavoj- Zizek-.pdf

ESCENA 3: WHERE IS JESSICA HYDE?

Con la música de la serie Utopía, MIGUEL ÁNGEL *se acerca a una de las mesas/islas de objetos, el espacio se llena de amarillo, coge una pistola y apunta a* NICOLÁS.

MIGUEL ÁNGEL.- ¿Dónde está Jessica Hyde?

NICOLÁS.- ¿Quién?

MIGUEL ÁNGEL.- ¿Dónde está Jessica Hyde?

NICOLÁS.- ¿Es una cliente? Porque si es una cliente puedo encontrarla…

MIGUEL ÁNGEL.- ¿Dónde está Jessica Hyde?

NICOLÁS.- Estoy pensándolo…pero no conozco ese nombre.

MIGUEL ÁNGEL.- ¿Dónde está Jessica Hyde?

NICOLÁS.- No lo sé…

MIGUEL ÁNGEL *dispara.*

ESCENA 4: LA GRABACIÓN

Mientras suena la voz de MIGUEL ÁNGEL *grabada y mezclada con otros vídeos y noticias, él se acerca a su mesa, coloca unos papeles, coloca el micro, inspecciona, bebe agua, y se va de nuevo.* MIGUEL ÁNGEL, *está grabando voces de un documental*[4] *sobre Covid y todo se va de las manos.*

NICOLÁS.- Vale Miguel Ángel, comenzamos a grabar cuando digas.

MIGUEL ÁNGEL.- Vale, vamos.

NICOLÁS.- GRABANDO.

MIGUEL ÁNGEL.- Todo comenzó con esto *(foto sopa murciélago)* en 2019, alguien en Wuhan cocina y se comen una sopa de murciélago… *(Pausa)*, o al menos eso nos han hecho creer… es una de las hipótesis, luego fue el pangolín *(diapositiva)*. Los antecedentes eran (*fotos mercados comida aire libre y comida exótica)* comida al aire libre, comida sin refrigerar, exteriores…

Luego llegó la teoría del laboratorio…

MIGUEL ÁNGEL *en corta en seco.*

No, ahora la teoría del laboratorio, «conspiranoias» y no llevamos ni 10 minutos, qué mierda de locución es esta, qué mierda de noticia… (*Voz de* NICOLÁS *por micrófono:* venga, no te distraigas, es el «gancho», seguimos grabando).

---

[4] Uno de nuestros referentes es el espectáculo teatral: *Return to Reims* de Thomas Ostermeier.

Luego llegó la teoría del laboratorio: un virus creado *ex profeso* en una placa de Petri que se había escapado por accidente.

El golpe económico fue tremendo: gasolineras y restaurante cerrados.

Tiendas
Negocios
Autónomos
Bares
Discotecas
Técnicos
Y todo el sector cultural

Fotos y varios de arrabales.

Eso fue solo el inicio: arrabales, suburbios, el virus también entendía de clases económicas...

Y esto solo era el año 2020.

Corta, corta, vamos a descansar un poco, no lo aguanto.
¿De verdad tenemos que grabar esto tan urgente?

NICOLÁS.- Vale, corta, corta y retomamos luego, sí es urgente, el cliente lo quiere mañana.

MIGUEL ÁNGEL.- Necesito un descanso.

NICOLÁS.- Me voy a tomar una cerveza. 15 minutos y retomamos.

MIGUEL ÁNGEL.- Grabar locuciones en casa... es una locura.

Suena la cabecera de los informativos nacionales, justo antes de la rueda de prensa de cada día del confinamiento.

APARECE PROYECCIÓN[5]:

Vídeo José Manuel Teira, plano medio, sobre fondo blanco, silla de oficina y la esquina de una pizarra mal borrada que se cuela en el plano.

A mí el confinamiento me pilló compartiendo piso con dos compañeros y como no hacían mucho caso de las restricciones no me dieron mucha confianza, así que me trasladé con mi pareja que en ese momento vivía sola.

Y la verdad, es que nos supuso toda una prueba de fuego porque llevábamos juntos poco tiempo y pasar el confinamiento juntos nos supuso comprobar que realmente podíamos convivir.

Luego volví a mi piso y tiempo después pasé la enfermedad y mis compañeros, la verdad, es que se portaron genial. Nivel tocarme la puerta y decirme «mira aquí tienes un plato de comida, no te preocupes de cocinar». Bueno como no tuve síntomas demasiados graves, más allá de que la cuarentena fue demasiado larga, eee... pues bueno... no lo pasé, afortunadamente, demasiado mal.

A nivel profesional, al hacer una tesis doctoral, pues bueno, me vino razonablemente bien, en cierto modo, poder tener más tiempo para poder escribir, leer, poder avanzar, pero claro, aquellos proyectos de los que dependen mis ingresos, que suelen ser actividades puntuales, todo se cortó hasta que no se ha retomado tiempo después y no tuve ninguna fuente de ingresos durante el confinamiento.

[5] Se ha optado por transcribir el contenido de los vídeos tal y como aparecen en el espectáculo, con sus interjecciones, repeticiones y puntos suspensivos, con el fin de no perder ninguna de las características que los hacen únicos.

ESCENA 5: CONCEPTOS

MARÍA.- Aclaremos conceptos.

ESTADO DE ALARMA: se trata de un periodo de tiempo en el que se establece un régimen excepcional, declarado por el gobierno, con el fin de asegurar la protección y alcanzar el restablecimiento de la normalidad de los poderes en una sociedad civilizada que se encuentra en peligro.

CONFINAMIENTO: según la RAE es el aislamiento temporal y generalmente impuesto de una población, una persona o un grupo por razones de salud o de seguridad

VIRUS: El virus es el Sars - Cov2, un virus perteneciente a la rama de los coronavirus, por la forma de corona que tiene su estructura al observarlo. Altamente contagioso, por la saliva, el aire que exhalamos.

LA ENFERMEDAD: eso sí es la Covid 19. El virus Sars - Cov2, te hace enfermar de la Covid 19. Sus síntomas: tos, fiebre, cansancio, anosmia, dolor de cabeza, dolor de garganta, y como la gran mayoría de los coronavirus: problemas respiratorios.

Otros Coronavirus famosos son el SARS[6], una forma grave de neumonía, o el MERS[7], que es zoonótico, es decir que se transmite de animales a seres humanos.

---

[6] El síndrome respiratorio agudo grave (SARS, por sus siglas en inglés).

[7] El síndrome respiratorio de Oriente Medio (MERS, por sus siglas en inglés).

TELETRABAJO: Supuestamente es una forma de trabajo a distancia, en la cual el contratado y trabajador puede realizar el desempeño de su actividad laboral, sin la necesidad de estar físicamente en su lugar de trabajo. Supuestamente tiene beneficios para el empleador, el trabajador y el cliente, en este caso toda la sociedad.

MIGUEL ÁNGEL.- Las 10 de la noche, las 11, las 12... Se han desdibujado todos los márgenes. No hay horarios, ni criterios, ni horas prohibidas para enviar mensajes. Teletrabajo lo llaman.

APARECE PROYECCIÓN:

Vídeo Jorge Usón, primer plano, en la terraza, aire fresco en la cara, ruido de fondo, respirar.

Me he venido a esta parte de mi casa que es una pequeña terraza donde tengo acceso al aire libre, a ver el sol, al cielo, al sol, a los pájaros...

Aquí me vine a hablar por teléfono con mis amigos, mi familia, a intentar mantener durante el confinamiento... las... vamos actualizar todas sus vidas, estar con ellos, estar presentes. Fue una época de mucha extrañeza, de ciencia ficción.

También me sirvió para ponerme creativo, la verdad que me costaba mucho leer, concentrarme, en principio estaba muy intoxicado de noticias, de los informativos, de las cosas que pasaban, y luego lo fui distanciando todo eso y me vino muy bien.

Me vino muy bien también ver cine, a través de las plataformas en casa, plataformas en internet. Y pudimos, pude, con otro amigo, con «J», con José Luis Esteban, empezar las bases de lo que sería un texto de teatro que nos mantuvo muy ocupados y a salvo.

Fue digamos la amistad una vez más y mis relaciones personales las que me mantuvieron a flote en una época complicada. Lo recuerdo como con mucha incertidumbre.

ESCENA 6: HACER PAN, ESCRIBIR POESÍA

MARÍA *Y* MIGUEL ÁNGEL, *hablando por teléfono. La conversación de* NICOLÁS *se incrusta simultánea. Otra voz encerrada en su casa.*

MARÍA.- Tercer día de confinamiento: 18 de marzo de 2020.

No se está mal en casa. Estoy tranquila.

He podido salir con el perro. He dado un paseo pequeño.

Me he sentado a leer, a escribir… solo tres días…

NICOLÁS.- Es complicado, bueno es jodido, es una mierda darse cuenta de que no tienes talento ninguno. Durante la pandemia la gente ha pintado cuadros, escrito libros, hecho bricolaje, cambiado la casa, tocado la guitarra, grabado versiones de canciones, hecho Podcast, canales de Youtube, hacer pan… todo el mundo haciendo pan… Onlyfans, yoga, calistenia, acrobacias en un metro cuadrado… la hostia el talento que hay por el puto mundo, y es jodido darse cuenta de que tú no tienes nada, ningún talento. Pero de eso me di cuenta.

A ver, lo sospechaba, había indicios… pero lo confirmé en la pandemia y jode un poco. Así que me quedé tragando ganchitos en el sofá.

MARÍA.- *(Por teléfono con Miguel Ángel)* Ya he escrito tres folios de poemas… solo en estos tres días, el reposo la calma… el estar en casa…

MIGUEL ÁNGEL.- Ah… qué bien, qué productivo *(Tapando el teléfono).* Es que no la aguanto, no te aguanto «la intensita», la de los poemas… *(De nuevo al teléfono),* me alegro mucho. Yo estoy en fase descanso. Oye, te dejo, que es hora del aplauso.

Sonido de aplausos.

ESCENA 7: PRODUCTIVIDAD

VÍDEO FÉLIX.- No voy a ser productivo, no se trata de talento, se trata de que no me sale de las narices ser productivo, ¿queréis ver la cantidad de horas que puedo estar durmiendo? ¿queréis ver la cantidad de horas que puedo estar tocándome los cojones a dos manos? No hay problema... os gano a todos. Primera semana de confinamiento, no me he leído ni la publicidad del Lidl. Ni medio folleto, ni el lomo de un libro. No he cocido pasta por no leer las instrucciones.

Y no mintáis. No. La mitad de vosotros lo que estáis haciendo es tragar ganchitos y Netflix como unos cabrones. Y, algunos, pornografía, muchos pornografía. No mintáis. Por mucho que pongáis en redes. No mintáis.

Yo no voy a ser productivo. Me niego.

ESCENA 8: PAPEL HIGIÉNICO

MIGUEL ÁNGEL.- «De repente, empezó a circular el rumor de que no había suficiente papel higiénico en las tiendas. Las autoridades aseguraron rápidamente que había suficiente papel higiénico para el consumo normal, y, sorprendentemente, esto no sólo era cierto, sino que la mayoría de la gente incluso lo creía. Sin embargo, un consumidor promedio razonó de la siguiente manera: Sé que hay suficiente papel higiénico y que el rumor es falso, pero ¿qué pasa si algunas personas se toman este rumor en serio y, en un momento de pánico, empiezan a comprar reservas excesivas de papel higiénico, causando de esta manera una falta real de papel higiénico? Así que mejor voy a comprar más reservas. Ni siquiera es necesario creer que algunos otros se toman en serio el rumor –basta con presuponer que algunos otros creen que hay gente que se toma el rumor en serio–, el efecto es el mismo, a saber, la verdadera falta de papel higiénico en las tiendas». (Slavoj Žižek, 2020, p. 40)[8].

NICOLÁS.- *(Rodeado de botes de gel hidroalcóholico y con muchos rollos de papel higiénico: se está fabricando un "fuerte" con rollos de papel higiénico).*

Aquí estoy a salvo, en mi fuerte.

Venid, venid. A mí no me pillaréis, desprevenido. Venid, venid a mí.

---

[8] Este texto se ha tomado de: https://dialektika.org/wp-content/uploads/2020/04/Pandemia-Slavoj- Zizek-.pdf

Ahora puedo construir un castillo con almenas... Y ¿qué altura podré conseguir?

Puedo aprender a hacer malabares.

¿Qué retos hay en TikTok con papel higiénico? *(Cogiendo el Smartphone)* No jodas, este no que es de hacer abdominales...

Altura, eso es... a ver qué altura consigo.

APARECE PROYECCIÓN:

Vídeo Ana Cózar, plano medio, sobre fondo azul, silencio y sosiego.

Recuerdo el confinamiento del 2020 como una de esas situaciones en las que la realidad supera de todas a la ficción.

Por fortuna, el palo para mí fue sobre todo económico y creativo, muchos proyectos se paralizaron e incluso perdieron por completo el sentido.

Peeeroooo... la situación como sociedad, lo que se estaba produciendo, era continuamente, en cierto modo contradictorio, veíamos en las noticias un auténtico bombardeo de cifras, de fallecidos, de enfermos y luego salíamos a las 8 a salir a aplaudir escuchando el *Resistiré.*

Por un lado, teníamos datos y estadísticas que devorábamos y por otro *challenges* y todo tipo de desafíos de Instagram.

No hacer nada y quedarse en casa lo correcto y lo esperable; y a la vez era, no hacer nada, precisamente.

ESCENA 9: APLAUDO 17 DE MARZO

MARÍA.- Soy poco dada a manifestaciones colectivas de cualquier tipo, pero al final a las ocho me asomo a la ventana porque mi pareja quiere que nos asomemos a la ventana. Me siento rara, la verdad.

No tocarse, no acercarse, no abrazarse.

El caso es que nos asomamos a la ventana. Enfrente de casa viven dos periodistas amigos que cada día salen con su hija pequeña. El hecho de saludarlos desde casa hace menos ridículo estar aplaudiendo en la ventana. Mientras aplaudimos hablamos con nuestros vecinos y nos preguntamos unos a otros si necesitamos algo.

Los aplausos como herramienta para romper el silencio.

(*Coge su libreta, apunta y repite)*

Los aplausos como herramienta para romper el silencio.

ESCENA 10: LA EXNOVIA

Mirando fotos en el móvil. Tumbado en la cama/sofá/suelo.

NICOLÁS.- Se llamaba María.

Tenía los ojos azules con un borde interior negro y varias motas marrones por el iris.

Parecían dos galaxias colocadas en su cara.

Cuando la mirabas fijamente, parecía que fueras a caer dentro de ellas y que te perderías para siempre.

Y en algo sí que se parecían las dos galaxias a cómo era ella; si la mirabas fijamente durante mucho tiempo, primero te perdías por ella, te volvías loco, después poco a poco, como un astronauta que flota a la deriva entre galaxias, terminabas devorado por el vacío, te perdías en ella y morías en la nada de dos bellas galaxias.

En la nada desparecían los hombres. Desaparecías.

ESCENA 11: ALGO SE QUEBRÓ, CASI EL PASADO

MARÍA.- Claro que fui a la manifestación. El día 8 fue domingo, no hubiera podido no ir.

Siempre voy. Siempre vamos.

Los días anteriores eran días luminosos, pero ese domingo, había una suerte de grisura en el aire.

Claro que la veo ahora, la recuerdo ahora, entonces no la vi. Quizá desde el ahora, la invento, quizás entonces no existió.

Recuerdo que el lunes fui a mi clase de Pilates. Mis compañeras y yo nos reíamos:

¿cómo nos van a mandar a casa? Es impensable.

El miércoles, en el bar de siempre con las amigas de siempre, continuaban las risas. El jueves algo sutil me quebró: No quedamos. Mejor no quedamos, me da miedo contagiaros; vuestras madres son muy mayores.

¿Es posible que esto esté ocurriendo?

Todo se aceleró: viernes a las once clases suspendidas. Viernes a la una todos a casa. Hicimos una reunión en la sala de profesores.

Ya comenzaba el no tocarse, no acercarse, no abrazarse.

Todo iba muy rápido y no me llevé nada, dejé mi mesa como estaba: papeles, apuntes, actas, listados… toda la mesa sin tocar, nos teníamos que ir, se cerraba la escuela: no sabía. No sabíamos.

Aquella tarde, antes de ir a casa, hice lo que hago siempre en momentos de crisis: fui a comprarme libros.

Al entrar en la librería… no recuerdo qué libros compré. Los he leído, ahora sé que los he leído, pero no los recuerdo.

Después como cada día fui a verla a ella, a ellas.

No lo sabíamos entonces. No lo sabíamos y todo quedaría en penumbra.

Estado de alarma. Confinamiento. Calles desiertas. Rostros tapados y borrados. Ausencia de tacto.

No tocarse, no acercarse, no abrazarse. Extrañeza.

Se escuchan aplausos ensordecedores que parecen no acabar nunca.

ESCENA 12: WHERE IS JESSICA HYDE? (2)

Música de la serie Utopía, MIGUEL ÁNGEL *se acerca a una de las mesas/islas de objetos, el espacio se llena de amarillo, coge una pistola y apunta a* NICOLÁS.

MIGUEL ÁNGEL.- ¿Dónde está Jessica Hyde?

NICOLÁS.- ¿Quién?

MIGUEL ÁNGEL.- ¿Dónde está Jessica Hyde?

NICOLÁS.- ¿Quién?

MIGUEL ÁNGEL.- ¿Dónde está Jessica Hyde?

NICOLÁS.- No conozco ese nombre.

MIGUEL ÁNGEL.- ¿Dónde está Jessica Hyde?

NICOLÁS.- No lo sé…

MIGUEL ÁNGEL, *dispara.*

ESCENA 13: EL PIANO

MARÍA *se sienta al piano, juguetea con las teclas, dos notas… un motivo… una melodía. Escena musical / explorar otros materiales. Se fusiona el piano con el inicio de la siguiente escena.*

ESCENA 14: LA CIUDAD DESPIERTA

Proyectadas algunas imágenes de la ciudad desierta.

MIGUEL ÁNGEL.- Era llamativo salir a la calle.

Con la excusa de tener que ir a la oficina, cogí la cámara e hice algunas fotos.

Esta es la que más me impacta.

Una de las plazas más concurridas de la ciudad totalmente vacía. Una ciudad desierta, abandonada.

Salir a la calle impresionaba.

Todo impresionaba por dos razones, la primera el silencio. Ese silencio en toda la ciudad, dentro de las casas, en la calle, en cada rincón. Silencio.

La segundo, la hostilidad, todo era hostil, salir a la calle te hacía sentir vulnerable.

MARÍA.- No tocarse, no acercarse, no abrazarse.

MIGUEL ÁNGEL.- Todo era hostil: los pomos de las puertas, el botón del ascensor, la bolsa de la compra, la manilla de la puerta de tu casa, apoyarte en un banco y sobre todo, la gente, todos ellos significaban peligro.

Estábamos en tierra hostil cada segundo que no estábamos en casa. Luego desinfectábamos las suelas con legía al llegar.

Todo era hostil. No sabíamos nada.

ESCENA 15: LA PCR

MIGUEL ÁNGEL.- Y llegaron las PCR…

NICOLÁS.- El palito… el pequeño palito.

Expresiones como: solo molesta un poco, sentirás un leve picor, no es doloroso, apenas lo notas.

MARÍA.- PCR para todo. PCR en centros de salud.

NICOLÁS.- PCR en el exterior del centro de salud.

MARÍA.- PCR en una zona habilitada específica.

NICOLÁS.- PCR en una carpa de circo con tres pistas y elefantes sobre una bola.

PCRs que no te van a doler. Un leve picor. No es doloroso. Me han ensanchado la nariz.

MIGUEL ÁNGEL.- *(Al micrófono)* Madrid empieza a utilizar las instalaciones del Palacio de Hielo como morgue.

APARECE PROYECCIÓN:

Vídeo Carmen Aliaga, de fondo, el parque, naturaleza y gente paseando.

Es curioso cómo lo que nos ha producido siempre un disfrute, puede llegar a convertirse en una tortura.

El estado de alarma no permitía salir a la calle, salvo por causas muy justificadas. Yo me cruzaba todo el paseo Sagasta, el puente de Santiago… me recorría más de medio Áctur hasta llegar a casa de mi padre.

Una tarde me dio un dibujo: «toma entrégalo a la policía si te paran, para que vean que vienes a cuidarme».

Aquellos dibujos, fundamentalmente caricaturas de personajes políticos que era lo que más le gustaba dibujar, se convirtieron en mi salvoconducto durante meses, y la verdad un pequeño alivio durante tanto horror.

ESCENA 16: LA INCERTIDUMBRE

MARÍA.- El primer día de confinamiento, el segundo, el tercero, sin darnos cuenta pasó una semana, luego dos semanas, la productividad se esfumó. Dejé de escribir. Salí a la calle, con los perros. Todo estaba desierto *(Imágenes Zaragoza /ciudad concreta desierta).* Todo era muy raro.

Mi barrio está tomado por la policía. Mi pareja y yo vamos con nuestros dos perros a la Ribera. Un policía nos pide nuestros carnets. Le explicamos que estamos al lado de casa.

No sabe dónde está nuestra casa. Intentamos indicárselo.

No sabe de qué le hablamos, pero insiste en que estamos lejos de nuestra casa, aunque no sabe dónde está nuestra casa.

No discutimos, consigo que nos vayamos. Cuando ya estamos lejos y de espaldas nos grita:

MIGUEL ÁNGEL.- ¡No pueden ir ustedes juntos, sepárense!

MARÍA.- Pero si vivimos y dormimos juntos… Simplemente nos separamos.

Seguimos caminando y un poco más adelante.

Nos paramos en la calle para hablar con una vecina y saludar a su perro. Ella vive sola y le preguntamos si necesita algo. Para un coche de la policía secreta del que baja un agente y nos grita:

NICOLÁS.- Disuélvanse, no pueden quedarse parados.

MARÍA.- Volvemos a casa.

A partir de la segunda semana no recuerdo qué leía. No recuerdo qué libros compré. Los he leído, ahora sé que los he leído, pero no los recuerdo.

No recuerdo qué cantaba. No recuerdo las series que vi, pero sobre todo por mucha memoria que haga, no recuerdo qué escribía, o qué música sonaba en mi casa, no recuerdo tararear, no recuerdo cantar. Solo recuerdo una sensación rara. Todo anómalo, lo llamo «la extrañeza» *(Toca con melódica motivo musical).*

ESCENA 17: HIGIENE / DESINFECCIÓN

MARÍA.- Tenemos mascarillas.

MIGUEL ÁNGEL.- Tenemos guantes.

MARÍA.- Tenemos ropa de estar en casa y ropa de salir a la calle. Tenemos desinfectante para la ropa. Tenemos desinfectante para los zapatos, desinfectante para el suelo, para las manos, para las gafas.

NICOLÁS.- Tenemos gel hidroalcohólico. MUCHO GEL, MUCHO GEL, MUCHO GEL *(Botes por el suelo).*

MARÍA.- La ropa de salir a la calle está en la entrada dentro de una caja.

Cuando volvemos de la calle desinfectamos a nuestros pobres perros: les limpiamos las patas, la cola y el morro. Nosotros también nos desinfectamos.

MIGUEL ÁNGEL.- Desinfectamos la compra CUIDADOSAMENTE, CUI–DA–DOSA–MENTE.

NICOLÁS.- Desinfectamos cada alimento, cada producto, cada envase de Twinkie/Donut. *(Comiendo un Twinkie/ Donut)*

MIGUEL ÁNGEL.- Desinfectamos todo lo que ha estado fuera de casa.

NICOLÁS.- Nos desinfectamos a nosotros mismos.

MARÍA.- Desinfectamos hasta las palabras. Nos lavamos las manos con manual de instrucciones.

ESCENA 18: LAS FASES DEL PROCESO

VÍDEO FÉLIX.- Es muy complicado, pero tenemos que tener en cuenta 3 factores:

Primero: el miedo no se mantiene en el tiempo. La producción de adrenalina y cortisol que genera el cuerpo, gasta tanta energía, que se termina, llega un momento que el cuerpo debe relajar, no puedes mantener la atención tanto tiempo. El miedo se acaba, el cuerpo no puede gestionarlo.

Segundo: El número de muertos. En una situación como la actual, nuestra cabeza tiene, tenemos un límite de comprensión, no podemos soportar el dolor en una tragedia de estas condiciones. Tengo que cambiar de canal, hacer *zapping,* protegerme. Una de las estrategias más utilizadas es centrar el dolor en un único portador: centralizar todo el dolor en una persona: ha fallecido mi padre, mi vecino, mi conocido... sí, han fallecido 1200 personas más, pero solo tengo dolor para uno, tengo que bloquear la tristeza que me producen 1199 personas, y mi cabeza solo puede gestionar el dolor de esa persona.

Y tercero: no podemos avanzar sin contacto social. La sociedad no puede avanzar sin contacto directo. Necesito poder compartir para poder evaluar. Si no comparto el dolor no puedo avanzar.

No valen las redes. No valen las pantallitas.

Necesito el contacto para «medirme», ver cómo están los demás.

No valen las herramientas para quedarme en casa, necesito herramientas que me ayuden a cómo me quedo en casa.

ESCENA 19: LAS RAZONES DEL VILLANO

MARÍA.- ¿Quién es el malo? ¿Cómo identificar un buen villano?

Bien, yo creo firmemente que los villanos hacen eternas a sus víctimas, es decir, si te matas porque te ha caído una teja en la cabeza un día de viento, ojo que en Zaragoza no es tan descabellado, no es nada glorioso; en cambio, si te mata un villano famoso, un asesino famoso, pasas a ser GLORIA: Kennedy, Lennon, Martin Luther King, Lorca… *(poner varios ejemplos).*

MIGUEL ÁNGEL.- Bien, hemos pasado un Covid, un villano que ha convertido en gloria a todas sus víctimas, se ha hecho tan famoso *(Imagen vídeo proyectada del mapa mundial de COVID)* que ha conseguido pasar a la historia junto a todas sus pérdidas. De momento la fama que ha alcanzado el Covid solo ha sido superada por la ineptitud y actitud deleznable de la humanidad.

ESCENA 20: NO TENGO SUEÑOS

VOZ MUSICALIZADA DE JOSÉ MANUEL TEIRA.- No tengo sueños, mi memoria está llena y no cabe nada más. No cabe nada.

No hay sitio.

Y lo que ocupa el espacio no importa. No tiene sentido.

No tiene sentido guardarlo y no puedo tirarlo. El espacio está lleno de nada.

Estamos predestinados a la nada, solo desaparecer…

El virus solo ha sido un catalizador. Yo ya estaba lleno de nada. Ya no cabe nada.

ESCENA 21: DE SEGUNDA MANO

NICOLÁS.- Me ha dado tiempo a hacer un estudio de las ventas de segunda mano. Wallapop/Vinted/Segunda mano/ Mil Anuncios… todos tienen un idioma propio.

En el confinamiento, mucha gente ha sacado mierda de sus casas y la ha puesto en venta.

MARÍA.- *(Sacando cosas)* Esto lo vendo.

Esto lo tiro… bueno, qué coño, lo vendo, alguien lo querrá. Pero si hay mercado para todo.

Foto y a la venta.

Artículo: chaqueta de mujer/hombre. Negra. Descripción: usada, pero en buen estado.

Precio…

NICOLÁS.- «Usada pero en buen estado».

Bien, hagamos una traducción del lenguaje concreto que aplica esta usuaria a Wallapop.

NUEVO = nuevo

«Nuevo» = usado

«Usado» = muy usado

«Usado pero en buen estado» = hecho una mierda.

«Solo daños estéticos» = si te fijas bien, está hecho una mierda.

«Tiene unos añitos» = no lo quiere ni la basura.

«Algunos desperfectos / para reparar / necesita una puesta a punto» = los tres significan lo mismo: es una puta basura que tenía por casa, que no sirve para absolutamente nada, pero siempre habrá un idiota que pague por tus mierdas, porque, oye, «hay mercado para todo».

ESCENA 22: NETFLIX NO ME RECONFORTA

TEXTO EN CANON / DIVIDIDO EN VARIAS VOCES, inicia MIGUEL ÁNGEL.

MIGUEL ÁNGEL.- Me sentía solo.

Estaban a mi lado, y pensaba en lo inmensamente feliz que era con ellos cogidos uno de cada mano. Pero pensaba en cuando se fueran, en el futuro, en lo inmensamente solo que me sentiría, el miedo que me daba todo.

MIGUEL ÁNGEL / MARÍA / NICO.- La vejez, la enfermedad, la soledad.

Pensamientos normales en una persona de 40 años que ve cómo envejece su familia, sus amigos, él mismo.

Pero pensamientos acelerados por el virus, por el confinamiento, por la incertidumbre, por la cantidad de horas dedicadas a ocuparse en no pensar... Sin resultado.

MIGUEL ÁNGEL / MARÍA / NICO.- Era imposible no pensar.

Imposible no ver la vejez, la enfermedad, el confinamiento, la incertidumbre y como resultado central de todo, la soledad.

MIGUEL ÁNGEL / MARÍA / NICO.- Estar sólo, sentirse sólo. Ni si quiera sudaba. Helado. Inmóvil. Sólo. La nada.

ESCENA 23: MINIMALISMO

MARÍA *y* NICOLÁS *vuelcan cestos de ropa sobre las mesas y comienzan a doblar meticulosamente cada prenda, quedando perfectas, luego las van apilando; si terminan de doblar la ropa ordenan, las cosas de las mesas.*

MIGUEL ÁNGEL.- *(Coge un micrófono)* Minimalismo, orden meticuloso y vive en un espacio pequeño para ser más feliz.

Calzoncillos doblados en tres partes.
Calcetines doblados en tres partes.
Camisetas dobladas en tres partes.
Jerséis, solo dos, pero doblados en 7 partes exactas.
Deshazte de todo para ser más feliz.

NICOLÁS.- Pero compra por Amazon, gasta, compra, compra, estamos en confinamiento, reactiva la economía, compra, compra.

MIGUEL ÁNGEL.- Compra y luego tira, quédate con lo que te haga feliz.

Todo ordenado, meticuloso.
Vive en un espacio pequeño porque serás más feliz.
Vive hacinado.
Vive en una colmena…
… pero con todo ordenado.
… todo bien doblado.
… ordena por categorías…

MARÍA.-… almacena lo que te da alegría.

Ordena por categorías.

Empieza por la ropa.

Guarda por tipología y no disperses espacios.

Sencillez y todo a la vista.

Doblar verticalmente la ropa.

MIGUEL ÁNGEL.- ¡Marie Kondo me come la polla!

Ella y toda su mierda zen-minimalista que solo sirve para enmascarar sueldos de mierda, sistema capitalista, pisos enanos, salón comedor cocina dormitorio en una sola habitación; terrazas de 40 centímetros convertidas en «*espacio chill out*» espacio *chill out* en Soria, en Zaragoza, en Albacete… no me jodas. Todo es un pensamiento capitalista global para que estemos felices con la mierda y en la mierda. Todo un pensamiento global neoliberal que quiere que nos auto convenzamos, que nos creamos de verdad, que voluntariamente elijo vivir en un piso pequeño sin cosas y hacinado porque está de moda y es de mejores personas, equilibradas, organizadas y zen.

Mira, escucha lo que te voy a decir, aglutinaría todo en mi casa y vivo en un décimo cuarto piso, metería todo allí, incluidos los libros de Marie Kondo y a la misma Kondo atada y amordazada, luego desarrollaría un síndrome de Diógenes a lo bruto, para enterrarla en objetos, tantas cosas almacenadas que ni las ratas quisieran entrar, luego lo iría llenando por pisos: en el primer piso todas las tazas de Mr. Wonderful y a todos sus seguidores dentro, atados y amordazados y con tazas por encima. En el segundo los minimalistas, atados unos con otros, abarrotados de cosas. Tercer piso los de «no sabía que ponerme y me puse contento».

En el cuarto piso los de «qué bien se está cuando se está bien».

Y así hasta que no hubiera fuera del edificio ningún atisbo de complacienciaautomasturbatoriaemocional de teletienda, y en el último piso la gurú del orden.

Y luego, luego, luego cerraría las puertas y le prendería fuego a todo el edificio, usando un montón de libros de Paulo Coelho.

NICOLÁS.- Pero compra por Amazon, gasta, compra, compra, estamos en confinamiento, reactiva la economía, compra, compra. Compra, pero no en Aliexpress que los paquetes de China traen el Covid dentro... compra, compra, compra...

Saca un teléfono móvil, se pone a mirar.

Hostia qué precios... voy a comprar el último libro de Marie Kondo.

ESCENA 24: TIKTOK

MIGUEL ÁNGEL *y* NICOLÁS, *en espacios separados, frente a webcam, imagen proyectada. Se proyecta grabación de un TikTok mainstream.*

MARÍA.- ¿El verdadero virus de esta pandemia? ¿El sars cov-2? No, no es ese, el verdadero virus de esta pandemia ha sido TikTok.

MIGUEL ÁNGEL *y* NICOLÁS. *Comienzan a bailar mientras suena una canción conocida de TikTok (en la videoproyección se ve el marco típico de la aplicación.*

Niños, adolescentes, adultos... todo el mundo perdiendo su dignidad, auto respeto y su alegría mientras ensayan y graban coreografías y retos...

VÍDEO + ESCENA COREO TIKTOK: *los tres personajes repiten en canon la coreografía videoproyectada, termina la coreografía, oscuro.*

APARECE PROYECCIÓN:

Vídeo Jaime Ocaña, en su casa, en su cama, su privacidad expuesta.

Yo pasé el confinamiento en mi propia casa, y si tuviera que ser más específico, diría que más en unas partes que otras *(señalando la cama) verbi gratia.* Y no lo llevé mal, la verdad, yo qué hago, durante el día, hago montones de cosas... hacer, hacer, hacer... fa, fa, fa, fa, fa, fa... y... ¿por qué? ¿porque tengo alma de funcionario suizo y pienso que el trabajo es una bendición?... eee… mmm… eee… mmm… más porque soy muy caótico y hago muchas cosas y todas a la vez… ea ea ea eaaaa… entonces de repente estaba en una situación, en la que pues… no podía hacer la mayoría de las cosas, que además, en general me gustan, y no podía… y si no puedes no puedes, y… me entró una especie de sensación de «irresponsabilidad autoinmune» que no se puede… pues no se puede…oye y ya está, a la vida contemplativa.

Y, además, durante una temporada, me pagaron una baja, y es una cosa en la que estableces un «pacto» en el que te pagan siempre y cuando no trabajes, y a mí… eso… buaaaa… me estallaba la cabeza: si no trabajas te pagan… brutal.

Así que bueno, pues… bueno… no lo llevé mal.

Hombre, para repetirlo, mmmm… fuuuuufff, pues igual no, para repetirlo no, pero para contarlo, pues sí.

ESCENA 25: EL ORIGEN DE TODO

NICOLÁS- Vivo con el miedo constante de que me llame SEUR al telefonillo y me pille cagando.

MARÍA.- Amazon, Aliexpress, toda la venta online.

NICOLÁS.- Tengo la teoría de que todas las empresas de paquetería del mundo se han juntado para desarrollar este virus y soltarlo. Es todo culpa de UPS, seguro.

MARÍA.- He comprado mascarillas, papel higiénico y gel hidroalcohólico como para tres pandemias.

MIGUEL ÁNGEL.- Y Mr. Wonderful y sus tazas de mierda también me comen la polla.

No, he dicho que no.

Que no quiero ser especial en esta ocasión. No quiero ser una buena versión.

Y no quiero ser productivo durante la pandemia. No, no quiero ser productivo.

¿Cuántas series has visto?

¿Cuántos libros has leído?

¿Cuánto deporte has hecho?

¿Has aplaudido?

MARÍA.- ¿Has leído los poemas que te envié?

MIGUEL ÁNGEL.- Mira, no he hecho nada ni lo voy a hacer.

ESCENA 26: SERIES, SERIES Y MÁS SERIES

MIGUEL ÁNGEL.- Ver series se ha convertido en una obligación. Durante la pandemia, ver uno, dos o tres capítulos al día…

NICOLÁS.- … yo me he visto las 7 temporadas de *Vikingos* en 7 días.

MIGUEL ÁNGEL.- Bueno o 16 capítulos al día… *(Respira profundamente, sonríe)* Comenzamos de nuevo: ver series se ha convertido en una obligación. Durante la pandemia, ver uno, dos o tres capítulos al día se ha convertido en una obligación, pasando de lo intelectual.

NICOLÁS.- ¿Has visto… *El colapso, El método Kominsky, The black mirror: Bandersnatch, Frasier*?

MIGUEL ÁNGEL.- Lo más extendido o mainstream, sin importar género o calidad.

NICOLÁS.- ¿Has visto *Vikingos, Juego de Tronos, Sky Rojo, The walking Dead, Strangers Things, Élite*?

MIGUEL ÁNGEL.- Lo novedoso o alternativo.

NICOLÁS.- ¿Has visto *Happie*, has visto *After life… Gambito de Dama, The mandalorian, La veneno*?

MIGUEL ÁNGEL.- Hasta llegar al visionado sin filtro totalmente enfermizo.

NICOLÁS.- ¿Has visto *Izombie*? ¿*Anatomía de Grey*? *NCYS, NCYS Los Ángeles, NCYS nueva Orleans, NCYS Utebo*... yo he vuelto a ver *Friends*.

MIGUEL ÁNGEL.- No puedes descolgarte de las series o no tendrás de qué hablar en tu próxima videollamada con amigos y familiares, por no decir que quizá no sepas de qué te están hablando... Para solventar tus dudas nunca falta el amigo agotador, de las videollamadas que te recomienda títulos que no sabes ni cuándo ha visto...

Videollamada NICOLÁS – MIGUEL ÁNGEL.

NICOLÁS.- Hola.

MIGUEL ÁNGEL.- Hola ¿qué tal?

NICOLÁS.- Bien, bien, bien.

MIGUEL ÁNGEL.- Tío tienes ojeras, ¿Estás durmiendo bien? ¿Comes bien?

NICOLÁS.- Sí, estoy comiendo Twinkies/Donuts. Muy ricos y blanditos.

MIGUEL ÁNGEL.- *(Silencio)* ¿Y qué te cuentas?

NICOLÁS.- ¿Has visto *Westworld*? Son 28 capítulos, si «aprietas» un poco la puedes ver en dos días, es algo lenta al principio, bueno y en medio, y al final, pero está bien, es de androides y mundo futuro, todo así como una simulación, como ahora, como en el confinamiento, todo detrás de las pantallas, todo así, como de mentira, de un parque de atracciones que son robots, pero son nosotros, pero ellos quiere ser nosotros, pero somos ellos… pero es una simulación… algo lenta pero está bien… ¿y has visto *The office*? He vuelto a ver *Los Soprano.*

(MIGUEL ÁNGEL *cuelga la llamada…).*

¿Estás ahí? Se le ha vuelto a colgar… es que paga un internet de mierda… Vamos a ver un capítulo de…

APARECE PROYECCIÓN:

Vídeo Marga del Hoyo, primer plano, ella sobre una ventana, entra el sol, el fondo se difumina, su casa.

Cuando empezó el confinamiento mi mayor preocupación era que mis hijos no perdieran la alegría. Que, a pesar de las noticias malas, de la angustia, del miedo que todos sentíamos, que ellos no perdieran la alegría. Que hicieran una rutina del aprendizaje, del colegio en línea, de los juegos, de estar con nosotros y mantener la alegría. Creo que era muy importante.

También nos ayudó mucho ver series, ver series con ellos, y jugar, jugar a muchos juegos con ellos.

Creo que puedo resumirlo así, lo que más me preocupaba del confinamiento, además de todo ese miedo que todos sentíamos, el miedo a la salud, el miedo a enfermar, el miedo al contagio, además de todo eso, mi objetivo era mantener a mis hijos alegres por encima de todo.

ESCENA 27: CRONOLOGÍA

MARÍA.- Repasemos cronología.

Wuhan, mediados de diciembre de 2019: primeros casos de neumonía grave.

13 de enero, la OMS, Organización Mundial de la Salud, informa del primer caso confirmado de coronavirus fuera de China.

30 de enero: la OMS declara a la epidemia como una emergencia de salud pública mundial.

27 de febrero: Hay 82.294 casos a nivel mundial.

4 de marzo: Italia cierra sus escuelas, también cierra universidades, y guarderías.

7 de marzo: Argentina, primera muerte confirmada.

9 de marzo de 2020: España cierra colegios, se han triplicado los casos en 24 horas, se recomienda el teletrabajo. Las noticias parecen una película. 11 de marzo: El rector de la Universidad de Castila la Mancha ordena el cierre a partir del lunes 16. Durante un periodo de 15 días.

13 de marzo: Portugal cierras sus escuelas, se añaden restricciones en tiendas y restaurantes. Bélgica cierra escuelas, cafés, restaurantes y tiendas. Polonia cierra sus fronteras e impone cuarentena a los visitantes recién llegados. Además, clausura hostelería y restauración. Túnez prohíbe todas las actividades que implican aglomeración de personas y la asistencia a mezquitas.

Poco a poco van cerrando las escuelas en Siria, Pakistán, Armenia, Grecia…

14 de marzo: Consejo de Ministros declara el estado de alarma en todo el territorio nacional durante 15 días.

15 de marzo: estamos confinados, restricción de la movilidad, toque de queda, solo trabajadores de servicios esenciales. Cuarentena nacional de 99 días, pero el estado de alarma se extendió hasta los 196 días.

ESCENA 28: EL BOLLITO

NICOLÁS.- El confinamiento te pone blandito, como un bollito con grasas saturadas, conservantes y glutamato. Blandito como un Twinkie/Donut *(Imagen de fondo de un bollito Twinkie/Donut).*

Así, eso es.

Pasan los días y te pones blandito, estás solo o sola, y... la recuerdas.

Es solo un momento y rápidamente te la quitas de la cabeza, te comes un bollito y te sientas en el sofá.

Pero al día siguiente... vuelves a pensar en ella, no llega ni a pensamiento, es una imagen que aparece en tu cabeza... rápida y se va. Quizá te comes otro bollito. TE LO COMES, sin quizá, incluso dos.

Al día siguiente mientras preparas tu café suena la canción *(insertar canción)* de su grupo favorito, no te hace falta ni recordarlo, lo escuchas y lo sabes, era y es su grupo favorito, ahora sí la recuerdas enteramente. Durante todo el día no te la quitas de la cabeza. ¿Qué pasó? ¿Por qué se terminó? ¿Deberíamos seguir juntos? ¿Fueron cuernos de verdad?

¿Tres veces es infidelidad? En fin... preguntas que te asaltan, porque estás blandito, te comes otro Twinkie/ Donut y te tumbas en el sofá a mirar su Instagram...

...Mmm también está pasando el confinamiento sola... Está guapa. ¿Hará ejercicio en casa?

Te comes otro Twinkie/Donut.

Así un día, dos días, tres... y al final, a las 2 de la mañana, tras 5 capítulos de Netflix, y 4 Twinkies/Donuts mojados en crema de orujo que has servido en el bote de Nocilla que usas como vaso porque no te quedan vasos limpios… entonces, mirando su Instagram le escribes…

Estás confinado y al día siguiente amaneces con una resaca de campeonato, azúcar del bollito más el alcohol, de por la mañana y de por la tarde… te tomas un café con 3 terrones de azúcar, no sea que comer una manzana roja preciosa sea demasiado sano para ti.

Manzana que compraste al principio del confinamiento y que ahora parece una pelota de tenis marchita.

Ella no te contesta, te bloquea en todas las redes sociales, pones la canción en bucle *(canción con un walkman),* te tumbas en el sofá y te comes otro Twinkie/Donut, estás tan blandito que te estás convirtiendo en un bollito gigante, tu transformación hacia un bizcocho mantecoso, blando, grasiento e inerte se está completando, casi tienes el mismo color.

¿Qué habrá sido de mi primera ex? Voy a ver su Instagram...

APARECE PROYECCIÓN:
Vídeo Jorge Morte, fondo blanco, posters de cine colgados.

Soy Jorge y estoy independizado en Madrid, pero para el confinamiento decidí volver a Zaragoza con mi familia. Allí me encontré con una situación distinta a la de la capital, pero muy muy parecida en según qué aspectos, por ejemplo, aplausos a las ocho en los balcones, todos los días el Resistiré a todas horas…

Pero poco se habla de esa pandemia en la que decides pasar tiempo con tu familia, jugando a juegos de mesa, ¡en qué momento se me ocurre a mí sacar la caja del parchís!

¡En qué momento! Jugamos a todo, al bingo, al póker, al rabino, al guiñote, a todo, jugamos a todo, pero lo peor venía con las revanchas, discutiendo con mi abuela porque había cantado las cuarenta, con mi madre porque se había comido la ficha del parchís... ¿¡en qué momento!?

Dicen que hemos salido en esta pandemia mejores personas, pero no, ¡no estoy del todo seguro!

Al final tuvimos suerte y el Covid no nos afectó a ninguno. Me quedo con eso.

ESCENA 29: APLAUSO/CACEROLADA 1 DE ABRIL

MARÍA.- Los aplausos marcan la hora a la que termino mi ejercicio físico del día. Hago ejercicio como loca, igual que leo como loca. Hay otras cosas que no hago y eso hace que me parezca estar loca: no canto, no escribo, no hablo.

No tocarse, no acercarse, no abrazarse.

Soy poco dada a manifestaciones colectivas de cualquier tipo. Me siento rara, la verdad, extraña más bien.

No tocarse, no acercarse, no abrazarse.

El caso es que, a las ocho, nos asomamos a la ventana.

Hablamos con nuestros vecinos y nos preguntamos unos a otros si necesitamos algo.

Los mismos que aplauden cada día, nuestros vecinos, los del bloque en arriba, de abajo, de enfrente, las mismas caras que nos encontramos aplaudiendo un día tras otro, los mismos que aplauden, hoy, increpan desde sus ventanas a una amiga sanitaria que se ve obligada a berrear «soy sanitaria» cada vez que alguien la insulta por estar en la calle.

Los mismos que aplauden desde las ventanas reprenden a una amiga y a su hijo autista que debe pasear cada día.

Los mismos que aplauden desde las ventanas sacan a los pocos días cazuelas para protestar contra el gobierno.

La policía de balcón.

Los mismos que aplauden desde las ventanas… un día dejo de asomarme a la ventana.

APARECE PROYECCIÓN:

Vídeo Josu Angulo, terraza de un bar, plano medio, vermut en la mano, coches pasando de fondo, un rayo de sol.

Yo lo que no entendía, es la fijación que ha tenido la gente con la infelicidad, más que con la infelicidad, con el cinismo, ¿sabes?

O sea, yo nunca he entendido la peña que criticaba a la gente que salía aplaudir. Me parece que es como... era, como una muestra espontánea de aprecio. ¿Sabes? Yo lo agradecía y yo reconocía al vecino en la otra ventana, igual sí probablemente gente que no conocía de nada, pero, pero me hacía una sensación de no estar solo.

Y era un momento en el que yo estaba pasándolo muy mal por otras circunstancias y a mí me ha agrade... yo, agradecía mucho ver eso entonces.

Yo no entendía, nunca he entendido el cinismo.

O sea, me parece que es algo sintomática ... de esta, de muy sintomático de esta época, de querer ser infeliz. Mirar del lado cínico y vinagre de las cosas y lo puedo entender en una cultura rollo Mr. Wonderful, pero en un momento en el que todos estábamos jodidos... nunca entendí la fijación de querer enmierdar o criticar a la gente, como si fuesen naif o tontos.

Como si de repente lo contracultural estuviese asociado directamente con ser un triste y un vinagres... no lo entiendo.

ESCENA 30: HABLEMOS DE LAS PANTALLITAS

NICOLÁS.- ¿Te han dejado en cuarentena?

MIGUEL ÁNGEL.- ¿Por videoconferencia?

MARÍA.- ¿Por teléfono?

NICOLÁS.- ¿Te han dejado...?
¿Te han despedido?

MIGUEL ÁNGEL.- ¿Has conseguido 3 de 3? Despido, pareja y Covid. La rifa entera para ti.

NICOLÁS.- Y... ¿Eres tú el que ha dejado a alguien en cuarentena por videoconferencia? ¿Eres ese tipo de persona? ¿Has sido capaz de coger el teléfono y dejar a una persona que está sola en su casa?

MIGUEL ÁNGEL.- Y ¿cómo lo has hecho? ¿Llamada tradicional? ¿Audio de Whatsapp? ¿Videoconferencia? ¿No habrás sido capaz de hacerlo por mensaje escrito...?

MARÍA.- Hablemos de las pantallitas. Las pantallitas. Doy clase por sitios inverosímiles: Jitsi Meet, Google Meet, Zoom, Skype. Tengo siempre una segunda opción por si la primera falla. Chicos, si nos falla Jitsi Meet nos vamos a Skype, y si Skype nos falla, nos vamos a Zoom.

Enlaces y enlaces y enlaces y enlaces y enlaces y enlaces y enlaces y grupos de WhatsApp.

MIGUEL ÁNGEL.- Los grupos de WhatsApp arden. *(Sonido de WhatsApp)* Todo el mundo habla *(Sonido de WhatsApp)*, todo el mundo opina *(Sonido de WhatsApp)*, todo el mundo comenta *(Sonido de WhatsApp, sonido de WhatsApp, sonido de WhatsApp, sonido de WhatsApp, sonido de WhatsApp, sonido de WhatsApp)*.

Se suceden vídeos, imágenes, memes, y memes, y memes y la famosa almendra que causó el atragantamiento *(Se escuchan toses y la voz con el atragantamiento de Fernando Simón: «es que me he comido una almendra...»)*.

MARÍA.- Hago grupos de WhatsApp con mis alumnos, nunca lo hubiera creído. Me mandan vídeos con deberes a los que contesto con audios de correcciones que generan más vídeos, se trata de un flujo interminable.

NICOLÁS.- ¿Pero eres tú el que ha dejado a alguien en cuarentena por videoconferencia? ¿eres ese tipo de persona?

MIGUEL ÁNGEL.- Las 10 de la noche, las 11, las 12... Se han desdibujado todos los márgenes. No hay horarios, ni criterios, ni horas prohibidas para enviar mensajes. El teletrabajo lo llaman.

MARÍA.- Las pantallitas. En las reuniones de trabajo veo las caras en las pantallitas. Algunas personas incluso se acicalan como si estuvieran delante de un espejo. La gente no es consciente de que la pantallita remarca su cara y delata cualquier gesto. Desde las pantallitas los gestos gritan palabras que no se dicen y son.

Vamos a morir de exceso de pantallitas.

También a los amigos los vemos a través de las pantallitas.

Y a la familia. Mi madre no entiende muy bien lo de la videollamada. Mi tía se queda de pie y se agacha para asomarse a la pantalla, pero por alguna razón no consigue entrar en el ángulo de la cámara. Acaban las dos agotadas. Y hay algo extraño, como si de repente fuéramos desconocidos. Tantas conversaciones.

Tantas cenas y risas.

Tanto de todo tras la pantallita, que lo hace todo diferente. También el cansancio se ve a través de la pantallita.

Se vídeo proyecta una vídeo llamada, con la interface de cualquier programa de videoconferencia.
Varias caras en las pequeñas casillas de la pantalla.

ESCENA 31: TELETRABAJO

VOCES MEZCLADAS DE JOSÉ MANUEL TEIRA.-

Las clases no pueden parar.

Vamos a trabajar con los estudiantes por videoconferencia. Todos ellos tienen acceso a internet. Que se conecten.

¿Los de 6 años? Pues les mandamos deberes y que los hagan con sus padres, que también están en casa.

¿Los de 8 años? Pues también deberes. Y los de 10 y 12. Que los profesores los monitoricen.

Claustro todas las semanas, sí, los lunes, y los miércoles reunión de nivel, y los viernes reunión de departamento.

¿Que todos los de 15 años no tienen internet en casa...? No me lo creo, bueno pues tendrán que adaptarse.

Y los profesores no pueden tardar tanto en contestar un email. Pero si estamos en casa, si no salimos, por qué tardan tanto, lo bueno del teletrabajo es que puedes atenderlo con más frecuencia.

Los universitarios: pues claro, deberes, trabajos, y cambiamos las evaluaciones.

No entiendo por qué algunos trabajadores no contestan en fin de semana al correo, pero si están en casa...

ESCENA 32: EL CONFINAMIENTO DÍA 79

Proyectado: confinamiento día 79.

MIGUEL ÁNGEL.-¿Que cómo llevo el confinamiento?

MARÍA.- ¿Que cómo llevo el confinamiento?

NICOLÁS.- ¿Que cómo llevo el confinamiento?

MIGUEL ÁNGEL.- Bien.

MARÍA.- Bien.

NICOLÁS.- Bien.

MARÍA.- ¿Que cómo llevo el confinamiento?

Es raro, las primeras semanas y las últimas son muy distintas. Salgo a pasear con el perro.

Intento respirar.

Pero todo es extraño: la extrañeza.

NICOLÁS.- ¿Que cómo llevo el confinamiento?

Bien.

No lo llevo mal. No lo llevo mal. No sé si cobraré. No sé si trabajaré.

No sé si estoy en ERTE.

MIGUEL ÁNGEL.- ¿Que cómo llevo el confinamiento?

Bien.

La primera semana estaba contratado sin posibilidad de despido. La tercera semana estaba contratado con posibilidad de ERTE.

La quinta semana estaba en ERTE sin posibilidad de despido.

La sexta semana estaba en ERTE pero con posibilidad de despido y readmisión. La séptima estaba en ERTE, a secas.

La novena, estaba esperando una nómina que no llegaba.

MARÍA.- Me llamaron por teléfono: se había muerto.

¿Cómo que no puedo ir velatorio? ¿ni al entierro? ¿solo tres personas? Pero... Solo tres personas.

MIGUEL ÁNGEL.- Las cifras de muertos no dejan de subir.

Quiero apagar la televisión, las redes, la radio. No quiero escuchar más datos.

NICOLÁS.- Desde el primer día que se anunció el ERTE sabía que yo iba a ser despedido.

Y así fue.

ERTE y despido.

El negocio se declaró en bancarrota y no tuvo que pagar a nadie. Pero el confinamiento no lo llevo mal.

Tengo ayuda *(Saca un montón de botes de pastillas y los echa en un bol enorme).*

Prozac, paroxetina, citalopran, orfidal, lexatin... No lo llevo mal *(Hundiendo la mano en el bol de pastillas y echándoselos por la boca, luego coge varios Twinkies/Donuts y se los mete en la boca, comienza a masticar y restregarse por la cara).*

No lo llevo mal.

MIGUEL ÁNGEL.- ¿Que cómo llevo el confinamiento?

Bien, muy bien.

MARÍA.- Bien. Muy bien.

NICOLÁS.- *(Con la boca llena de Twinkies/Donuts y pastillas)* Bien, Muy bien.

¿Y qué si morimos todos? Total, este mundo está lleno de hijos de puta.

MIGUEL ÁNGEL.- ¿Que cómo llevo el confinamiento? Bien, todo va a salir bien.

MARÍA.- Todo va a salir bien.

NICOLÁS.- *(Solo asiente con la cabeza mientras saca una peineta con cada mano).*

APARECE PROYECCIÓN:

Vídeo Javier Vázquez, sobre fondo blanco, cortina de su casa, sinceridad.

Yo pasé prácticamente todo el confinamiento en esta habitación.

Es una habitación de apenas seis metros cuadrados en los que yo dormía, por las mañanas preparaba un programa de radio y por las tardes emitía tres horas en directo.

Tres horas en las que yo trataba, sobre todo, de acompañar a mis escuchantes y especialmente siempre pensando en aquellas personas que se habían quedado encerradas solas.

Trataba de hacerles entender que todo iba a ir bien en esta película extraña que nos había tocado protagonizar y que nadie comprendíamos, ¿verdad?

Y también confieso que había veces que cuando lo estaba diciendo, aquello de que todo iba a ir bien, ni siquiera yo me lo estaba creyendo, porque había, había momentos en los que era muy duro creerlo, especialmente cuando veíamos que las cifras de muertos seguían aumentando de forma imparable.

Hubo muchos días en los que, al apagar el micrófono, yo me echaba a llorar irremediablemente. Tenía que respirar, coger aire y sólo entonces era cuando me sentía capaz de abrir la puerta y volver a juntarme con mi familia.

Fueron días, días muy duros, pero días en los que, si algo aprendí, es que en este oficio mío no hay que perder nunca de vista qué es lo realmente importante.

Lo realmente importante son las personas.

ESCENA 33: BAILAR LA HERIDA

MIGUEL ÁNGEL *en proscenio.*

MIGUEL ÁNGEL.- Llegó el día.

El día 21 de junio de 2020, se levantó el confinamiento. Podíamos volver a salir.

Las situaciones eran distintas, gente que tuvo que pasar el confinamiento en familia, en casas de amigos, en otra ciudad porque estaban de viaje, desplazados… ahora al fin esas personas podían volver a sus casas.

Y con el dolor. Solo quedaba curar la herida, para algunos, bailar la herida.

APARECE PROYECTADO: «La felicidad es bailar la herida», suena *Wild is the wind*, de Nina Simone, comienza la proyección y aparece la coreógrafa Nieves Rosales, sola, en su estudio, frente a un espejo. Primera vez que baila tras la pandemia. Sube el volumen de Nina Simone. Nieves baila, nos regala su baile en blanco y negro, la felicidad es bailar la herida.

ESCENA 34: LA INFORMACIÓN

Imágenes proyectadas: fotografías tomadas al inicio del espectáculo a varios espectadores.

Imágenes de los datos, las curva, imágenes de noticias…

NICOLÁS.- Esta es la gente que ha pasado por un confinamiento, algunos, han pasado la enfermedad, otros han perdido gente; algunos se han dejado llevar por el pánico de los datos; otros han tenido miedo. Pero todos, todos, se han relacionado a través de pantallitas.

MARÍA.- Todos, todos habéis consultado las redes, los datos de la curva, las mejorías, las recuperaciones, la primera ola, la segunda… la prolongación del confinamiento. Las sucesivas prolongaciones del estado de alarma.

MIGUEL ÁNGEL.- Todos ellos se han mantenido, os habéis mantenido en mayor o menor medida, informados por los datos de las redes sociales, telediarios, ruedas de prensa, especiales en televisión.

NICOLÁS.- Todos se han mantenido, os habéis mantenido, informados. En la medida que era posible, estar informado: *(Coge un libro)*

«NO se debe confiar en la gente: la gente debe ser amada, protegida, cuidada... pero no se debe confiar […] Además deberíamos incluso evitar la posibilidad de que, a veces, no decir toda la verdad al público. puede prevenir eficazmente el pánico que podría llevar a más víctimas». (Slavoj Žižek, 2020, p. 10, p. 12)[9]

APARECE PROYECCIÓN:
Vídeo Mariano Anós, primer plano, cuadros y obras gráficas colgadas de fondo.

Bueno, pues vamos a ver, el confinamiento, en principio, los primeros días, sobre todo, tampoco fue... una cosa muy terrible, porque por una parte parecía que estaba claro que iba a ser una cosa breve, que iba a durar poco tiempo. Entonces esa misma sensación, un poco de novedad, no se oía el ruido de tráfico, se escuchaba el... el agua de las fuentes, los pájaros. Entonces eso era interesante, ¿no?

Por otro lado y, sobre todo, sí que me pilló bien acompañado, con amor, además, en un piso bastante amplio, con un pasillo largo del que a veces me quejaba, pero me servía para hacer lo que llamaba "pasilling", un poco de ejercicio, moverme, a parte del tiempo que se nos permitía pasear, que también era interesante, por otro lado.

Y durante un tiempo, también estuve grabando poemas, recitando poemas de distintos autores, uno cada día y lo subía a Facebook, y bueno, parece que había bastante gente a la que eso le servía un poco también para mantenerse durante ese tiempo.

Total, que bueno, los primeros tiempos estos del confinamiento tampoco fueron tan terribles. Yo creo que lo que más me ha pesado, ha sido más tarde, el paso del tiempo, el que aquello estaba durando y sigue durando mucho más de lo que esperábamos. Pero por lo demás en aquel momento, pues ya digo que fue bastante sobrellevable.

---

[9] Este texto se ha tomado de:
https://dialektika.org/wp-content/uploads/2020/04/Pandemia-Slavoj- Zizek-.pdf

ESCENA 35: WHERE IS JESSICA HYDE? RESOLUCIÓN

MIGUEL ÁNGEL *se acerca a una de las mesas/islas de objetos, el espacio se llena de amarillo, coge una pistola y apunta a* NICOLÁS.

MIGUEL ÁNGEL.- ¿Dónde está Jessica Hyde?

NICOLÁS.- ¿Quién?

MIGUEL ÁNGEL.- ¿Dónde está Jessica Hyde?

NICOLÁS.- ¿Es una clienta? Porque si es una cliente puedo encontrarla…

MIGUEL ÁNGEL.- ¿Dónde está Jessica Hyde?

NICOLÁS.- Estoy pensándolo…pero no conozco ese nombre.

MIGUEL ÁNGEL.- ¿Dónde está Jessica Hyde?

NICOLÁS.- No lo sé…

MIGUEL ÁNGEL *dispara. Deja la pistola.*

MIGUEL ÁNGEL.- Así comienza la serie UTOPIA.

Serie de televisión creada por Dennis Kelly, dos temporadas, 6 capítulos, 12 en total. Magistral. Serie estrenada en enero de 2013.

La buena es la inglesa, la original y no el *remake* americano ya cancelado.

Utopía estrenada en 2013, una serie que cuenta la existencia de una plaga de gripe rusa que matará a mucha población, y la creación de una vacuna que será salvadora y obligatoria para todos… conspiraciones, asesinatos… 2013; 2013, no se adelantaron ni nada los hijos de puta de los creadores… de aquellos barros vienen estos lodos.

MARÍA *ayuda a* NICOLÁS *a levantarse del suelo, los tres en proscenio.*

NICOLÁS.- Cuando salgan, vayan a casa a verla, es una gran serie.

MARÍA.- A las 00:00 del 21 de junio del 2020, se levantó el confinamiento: las ciudades enloquecen, la gente sale a la calle, ruido, gritos, ventanas abiertas.

Celebramos poder salir.

El no tocarse, no acercarse, no abrazarse… se queda con nosotros un tiempo, un tiempo largo.

Me siento rara, la verdad, extraña más bien. Pero puedo salir a la calle.

MIGUEL ÁNGEL.- No tocarse, no acercarse, no abrazarse. No reconocerse bajo la mascarilla.

NICOLÁS.- No tocarse, no acercarse, no abrazarse. No reconocerse bajo la mascarilla. No verse.

MARÍA.- Todos ellos, todos los «noes» se quedaron un tiempo con nosotros, pero poco a poco lo vamos doblegando. Siempre lo doblegamos. Volveremos a tocarnos, acercarnos y abrazarnos.

Oscuro lento.

FIN

ÍNDICE